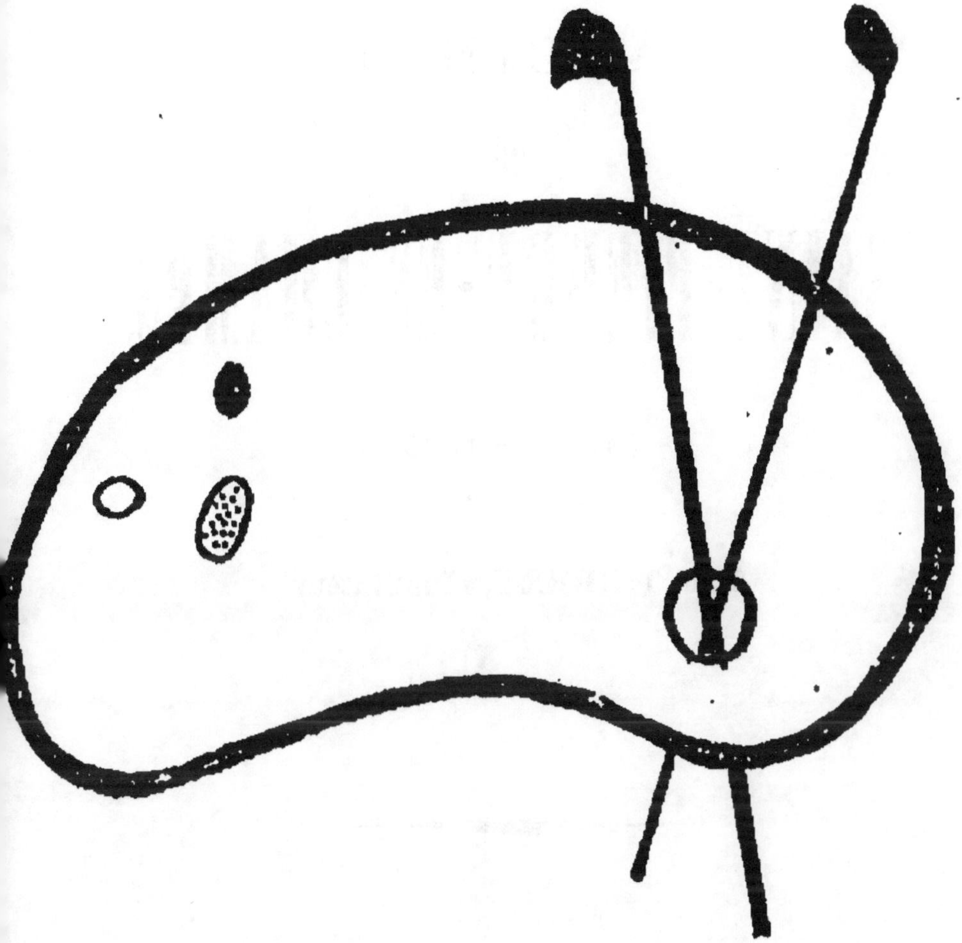

DEBUT D'UNE SERIE DE DOCUMENTS
EN COULEUR

NOTICE

SUR

LA COMMUNE

DE

SAINT-PIERRE-ÈS-CHAMPS

(1650-1897)

Par THIERRY, Instituteur

BEAUVAIS

IMPRIMERIE CENTRALE ADMINISTRATIVE

15 — PLACE ERNEST-GÉRARD — 15

—

1897

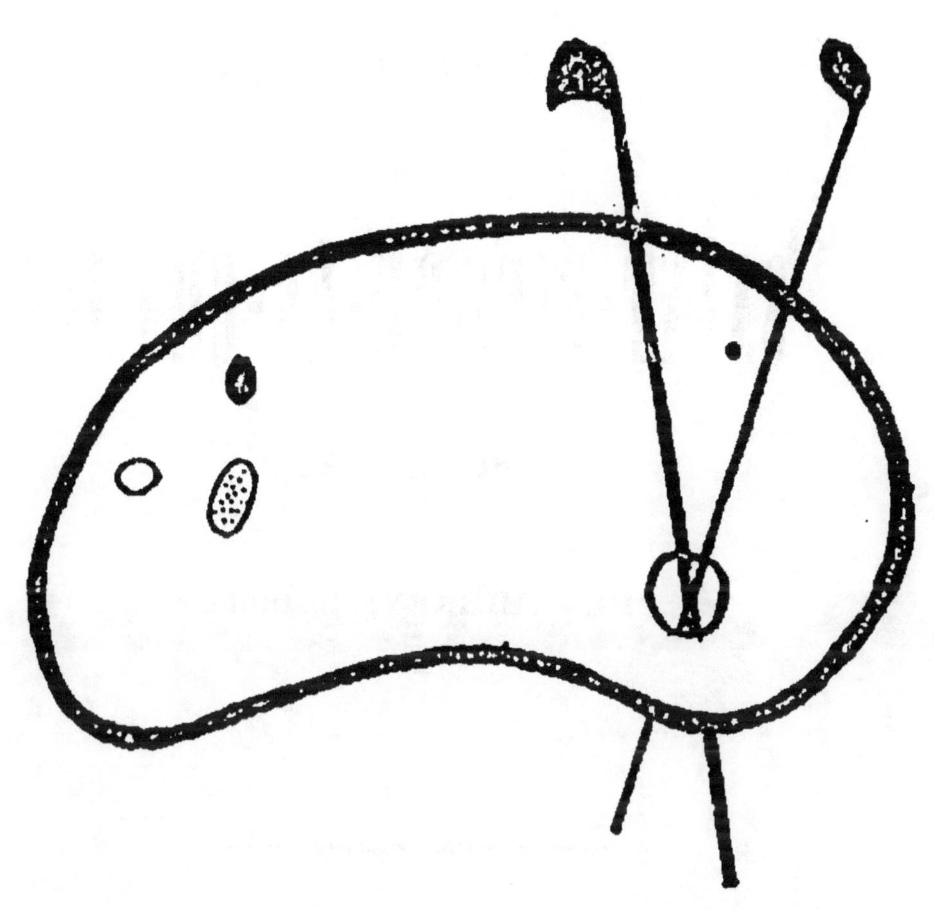

FIN D'UNE SERIE DE DOCUMENTS
EN COULEUR

NOTICE

SUR

LA COMMUNE

DE

SAINT-PIERRE-ÈS-CHAMPS

(1650-1897)

Par THIERRY, Instituteur

BEAUVAIS

IMPRIMERIE CENTRALE ADMINISTRATIVE

15 -- PLACE ERNEST-GÉRARD -- 15

—

1897

NOTICE

SUR LA

COMMUNE DE SAINT-PIERRE-ÈS-CHAMPS

1650·1897

SAINT-PIERRE-ÈS-CHAMPS est situé sur la limite occidentale du département de l'Oise, entre Saint-Germer au Nord-Est, Puiseux-en-Bray, Talmontiers au Sud-Ouest, Bouchevillers (Eure) et Neufmarché (Seine-Inférieure) à l'Ouest, Ernemont et Gournay au Nord-Ouest.

L'abbaye de Saint-Germer avait la seigneurie du pays qui était partagée en trois fiefs principaux : l'un, comprenant les villages de Saint-Pierre et de Bretel ; un autre, ceux de Montel, de la Cornaillerée, des Boulards, des Plattelets, des Frères-Jean, des Binaulx, et, le troisième, le Mont-de-Fly, les Naudins et le Tourbourg.

Le château de la seigneurie principale était à Saint-Pierre.

Les titres de cette seigneurie furent détruits en 1793, comme l'indique le document suivant :

« Ce jourd'huy, dixième jour de la 2ᵉ décade du 2ᵉ mois de l'an 2ᵉ de la République françoise une, indivisible et impérissable, Nous maire officiers municipaux, procureur et membre du conseil général de la commune de Saint-

Pierre-ès-Champs, étant assemblée sur la place publique en présence des citoyens de la dite commune nous avons sur la dite place brûlé tous les titres et papiers concernant les ci-devant seigneurie de Saint-Pierre-ès-Champs, du Mont-de-Fly, Talmontier, Puiseux-en-Bray, et des fiefs de la mairie, répy, qui nous avoient été remis par le citoyen François Charles-Philippe D'Orillac et en avons dressé le procès-verbal que nous avons signé : DUBUS, maire, LABOVE, procureur, DENIZE, officier, etc. »

Quelques jours plus tard, ce fut le tour des titres de la seigneurie de Montelle, qui appartenait alors à Lefèvre dit d'Amécourt :

« Ce 10ᵐᵉ jour de frimaire troisième mois de l'an second de la République françoise, les citoyens assemblée, nous sommes transportée sur la place publique de la dite commune et avons en présence des dits citoyens, brûlé les titres féodaux supprimés concernant la ci-devant seigneurie de Montelle relevant de la paroisse de Saint-Pierre-ès-Champs, appartenant ci-devant au citoyen Lefèvre dit d'Amécourt déclaré émigré par le directoire du district et département de l'Oise. Fait en la maison commune le même jour que dessus. Signé : DUBUS, LABOVE, etc. »

Saint-Pierre était soumis au bailliage de Beauvais pour la juridiction et relevait du vidamé de Gerberoy et de la généralité de Paris pour l'administration civile.

La loi du 28 pluviôse an VIII (16 février 1800) ayant réuni en un seul arrondissement les districts de Beauvais et de Chaumont-en-Vexin, dont le Mont-de-Fly faisait partie, Saint-Pierre fut retiré du canton de Saint-Germer, où l'avait placé l'organisation opérée à la Révolution de 1789, et affecté à un nouveau canton qui eut le Coudray pour chef-lieu.

Le village de Saint-Pierre s'étendait autrefois jusqu'aux approches de Bretel, ce qu'indiquent les fondations existant encore sur le trajet, notamment au lieudit les Cinquante-Mines. Le hameau du petit Bretel, autrefois *Brestel*, comprend aujourd'hui 8 habitations au lieu de 10 vers 1840.

Celui de Montel, qui dépendait de la seigneurie de Vardes, en compte 33 au lieu de 45 vers 1846.

Les Boulards, 7 au lieu de 13 à la même époque; c'est de là, paraît-il, que fut dirigée de l'artillerie contre le fort de Neufmarché, pendant les guerres du XV° siècle. Les buttes qui se trouvent près de ce hameau seraient les restes des plates-formes et boulevards qui furent disposés à cet effet.

La Corneillerée, autrefois *Corneille-Roye*, possède 10 habitations au lieu de 19. En 1844, il avait été question de la réunir à Bouchevilliers.

Les Binaulx, Binaux ou Binots comptent 22 habitations au lieu de 36.

Les Nosdins, 4 au lieu de 11.

Le Mont-de-Fly, qui était compris dans le comté de Chaumont, en comprend 9 au lieu de 17.

Le Tourbourg, composé seulement d'une ferme, forme un écart au nord-est des Binots.

D'autres hameaux, anciennement désignés sous les noms de *Mont-de-Chef*, *des Enguerrands*, *des Prieur*, *des Plattelets*, sont détruits aujourd'hui, ce dernier vers 1850, car en 1846 il comprend encore 2 chaumières.

D'après cela, il est facile de prévoir que la population de Saint-Pierre-ès-Champs a sensiblement diminué. Elle était de 550 habitants en 1720; 480 en 1759; 515 en 1806; 612 en 1831; 414 en 1886; 427 en 1891; et enfin 403 au dernier recensement de 1896.

SAINTE-HÉLÈNE. — Sainte-Hélène est un lieu fort anciennement habité, puisqu'on trouve des tuiles romaines à la surface.

Il s'y trouvait autrefois une chapelle possédant 80 livres de revenu en terres labourables, et où on célébrait l'office divin; il s'y tenait même une foire sous les arbres antiques qui entouraient l'édifice. Cette chapelle, démolie pendant la Révolution, a été remplacée par un tilleul.

Un ermite, nommé *Jean Sacy*, y fut assassiné et torturé le 24 janvier 1700.

Voici le relevé de cet événement :

« On a crû qu'il n'étoit point hors de propos de coucher icy le genre de mort de feu frère Jean Sacy, originaire de La Feüillie pour contenir quelque mémoire.

Le 24ème Janvier 1700, a esté inhumé dans la chapelle Ste Hélène le nommé frère Jean Sacy, originaire du village de la feüillie, vivant en cet endroit à la manière d'un hermite et personne retirée du monde et sain… ment mis à mort par quatre brigands comme on a crû, la nuit du lundy a mardy, au paravant vers le commencement de la ditte nuit, de manière que le coup étoit fait, vers la moitiée de la veille, ainsy que nous a rapporté Adri…   Jeune qui les avoit entendus jergonner ensemble de…   e son jardin, proche le petit bois dit Marin Rottée, tesmoi… ants entre autre chose la crainte d'être ouï; or le dit frère Jean Sacy peut avoir esté mis à mort en la manière qui en suit autant qu'il nous a apparu et autres personnes; étant les brigands entrez en la maison par violence puisqu'ils auroient lever la serrure de la porte de la chappelle qui estoit ausi la porte de la ditte maison, et donné des coups de coutre à la porte, ils luy ont mis les mains au feu et après les luy avoir brulées jusque à la chaire vive, les luy ont attachées ensemble avec une de ses lanières derrière le dos, ensuit ils luy ont aussy brulé le pied droit aussy jusque à la chaire vive, ensuit lui ont donné, ou auparavant, plusieurs coups sur la teste, les temples, et lui ont tirés les oreilles, ce qu'ont fait voire les contusions qui sont restées en ces endroits, luy ont donné un coup de pointe d'espée ou de Bayonnette au bras droit à l'endroit qu'on a coutume de tirer du sang, luy ont aussy donner trois coups dans les fesses, dont l'un estant plus profond que les autres lui auroit fait perdre beaucoup de sang, ils l'ont aussy pointé à deux endroits à la jambe droite, vers l'os de la jambe nommé tibia, et l'ayant ainsi maltraité, ils luy ont mis la teste sur une petite buche toujours les mains liées par derrière, le corps contre tourné, la face en haut et plus que a demy connut, d'un fagot de genièvre qu'il avoit amassé, tout ce qui est apparû le jeudy ensuivant sur les 3 à 4 heures d'après midy premièrement à deux révérends pères religieux bénédictins de Saint Germer accompagnés des leurs écoliers qui nous en donnèrent avis, au suite de quoy un chirurgien envoié de la part de Monsieur le lieutenant de Gerbroy, luy èn aurait fait son fidel rapport en datte du 23ème du dit mois, ces brigands avoient bu et mangé le vendredy auparavant chez Joly cabartier au Neufmarché, ils s'étaient aussy entretenu le dit jour avec la femme de Loüis mérite qui m'en a fait le rapport, s'estant informés s'il y avoit un hermite à Sainte-Hélène s'il ni avoit point d'hermitesse, et ce même jour de vendredy au matin ils auroient pris le coutre et le ploiron de la charüe du nomé Jean du Val dont le valet au matin s'apperçût en allant labourer les mesmes en la nuit du vendredy au samedy volèrent les églises de Neufmarché, Talmontier et essayèrent aussi de voler celle de Sérifontaine — ce 24ᵐᵉ jour de janvier 1700. »

Administration

C'est le 21 février 1790 que la municipalité de Saint-Pierre-ès-Champs a été créée et cela en vertu d'un décret de l'Assemblée nationale en date du 14 décembre 1789.

Voici le relevé du procès-verbal dressé à ce sujet :

« Nous soussignés, habitants de la Paroisse de Saint-Pierre-ès-Champs, département de Beauvais, pour nous conformer au décret de l'assemblée nationale et à l'instruction sur la formation des nouvelles municipalités du quatorze décembre 1789.

L'assemblée ayant eu lieu le 21 février 1790 d'après la convocation faite le dimanche précédent à la réquisition de la municipalité et annoncée au Prône, assemblés dans l'église, après la grande messe, présidé par de plus ancien et aiant pour scrutateurs les trois plus âgés, il a été procédé à la nomination d'un Président, de trois scrutateurs et d'un secrétaire. Ensuitte à la nomination d'un maire ; le sieur *Charles Dubus* a réuni les suffrages par un premier et seul scrutin. Les sieurs Claude Denise et Marin Le Brun ont réunis pareillement, au premier scrutin de liste double, les suffrages et ont été nommés municipaux. Le sieur Pierre-François Mallot a été élu Procureur sindic au troisième scrutin, les deux premiers n'aiant pas donné les voix nécessaires ; l'assemblée s'étant réuni le même jour après vêpres, on a procédé à la nomination des notables ; ont été élus les sieurs Pierre Savreux, Jean Duval, Jean-Baptiste Duchesne, Antoine Raban, Martin Quioux, Claude Malot. »

La municipalité se trouvait donc composée d'un maire, de deux municipaux, de six notables et d'un procureur sindic.

Le 13 novembre 1791, Nicolas Labove prend la place de François Mallot comme procureur sindic, Claude Denise et Le Brun restent municipaux; François Delapierre, Jean Duval, Pierre Lefebvre et Pierre Bertin sont élus notables.

Quelques années plus tard, en l'an II de la République (1794), Labove devient maire et Charles Dubus est fait agent national.

La loi du 19 vendémiaire an IV (11 octobre 1795) instituant dans chaque commune un agent municipal, c'est le citoyen Jean-Baptiste Lefebvre, dit Guérin, qui, dans l'assemblée tenue le 15 brumaire (7 novembre) est nommé à cette fonction.

Le 22 germinal an VIII (12 avril 1800) ce même Lefebvre quitte le titre d'agent municipal pour reprendre celui de maire. Il est remplacé le 15 mars 1808 par Labove (Nicolas). qui reste peu de temps puisque le 13 février 1809 Charles Dubus, arpenteur et fils de Dubus, dont il est parlé précédemment, lui succède jusqu'au 14 février 1816.

Viennent ensuite Gaudet (Jean-Honoré jusqu'au 13 décembre 1817, Pierre Lefebvre, instituteur, jusqu'au 17 janvier 1818, et Louis Lebrun jusqu'au 15 octobre 1831.

M. Bournizien (Jean-Honoré) le remplace et reste maire pendant trente-sept ans; il a pour successeur, le 14 septembre 1868, M. Lebrun (Ferdinand), remplacé le 18 mai 1884 par M. Cressonnier (Louis), qui administre la commune depuis cette époque, avec le dévouement que nous lui connaissons tous.

ADJOINTS. — Ce fut le 15 brumaire an IV (7 novembre 1795) qu'eut lieu la nomination du premier adjoint de Saint-Pierre-ès-Champs, *Jean-François Duval*. Mais le quatrième jour de frimaire de la même année (24 novembre) il donnait sa démission prétextant « qu'il ne scachoit pas suffisamment lire et écrire ». Louis Douville, des Binaux, désigné pour le remplacer, refusait à son tour, et le 4 nivôse an IV (24 décembre 1795) Nicolas

Ratel, de la Cornailleree, acceptait cette fonction et la conservait jusqu'au 13 germinal an V (2 avril 1797).

Puis ce furent Sébastien Lebrun, jusqu'au 12 germinal an VIII (2 avril 1800); Jean-François Dufour jusqu'au 19 frimaire an X (8 décembre 1802); Claude Denise jusqu'au 13 décembre 1817; Balleux (Louis-Xavier-Victor) jusqu'au 17 janvier 1818; Louis Lebrun jusqu'au 15 octobre 1831; Labove (Nicolas) jusqu'au 23 août 1848, et Bué (Joseph), chevalier de la Légion d'honneur, jusqu'au 10 janvier 1858.

M. Lebrun (Louis-Ferdinand) le remplace à cette époque, mais, ayant été nommé maire le 14 septembre 1868, il a pour successeur Lefebvre (Antoine-Elphège), qui cède sa place le 7 mai 1871 à M. Blaise (Adolphe), élu par bénéfice d'âge contre M. Cressonnier (Louis), chacun d'eux ayant obtenu six suffrages.

Le 8 octobre 1876, c'est M. Rainville (Pierre) qui est élu, mais le 21 janvier 1878 il cède son écharpe à M. Blaise (Adolphe) pour la reprendre le 30 janvier 1881; il la conserve alors jusqu'au 17 mai 1896 pour la donner à M. Delapierre (Ferdinand), l'adjoint actuel.

Conseil municipal. — Le conseil municipal de la commune de Saint-Pierre-ès-Champs comptait encore 12 membres en 1876; mais à cette époque là la population étant devenue inférieure à 500, le nombre fut ramené à 10.

Les 10 conseillers élus aux dernières élections de mai 1896 sont : MM. Cressonnier, Vacossin, Dubos, Duval, Blaise, Chardel, Delapierre, Philippeau (décédé), Couverchel et Rainville.

Cultes

La cure de Saint-Pierre-ès-Champs, qui était conférée par l'abbé de Saint-Germer, fut occupée par Dourrain jusqu'en 1668; puis par Chappellier de 1668 à 1685; par Niel de 1685 à 1686; par Giravelon (à titre d'intérim, je crois) de juillet 1686 à août 1688; par Le Vasseur de 1686 à 1711; et par Aubin de 1712 à 1750.

Ce dernier ayant laissé une rente de 250 livres pour qu'il soit institué un vicaire, ce fut alors Gilbert de Bézu qui remplit le premier cette fonction, de 1754 à 1758; puis Vérité de 1758 à 1776; Rohaut de 1776 à 1777, et Danjou de 1777 à 1786 avec Couderc comme curé depuis 1750. Il à pour successeur Ledoux, qui a comme vicaire Lamy jusqu'en 1792, époque à partir de laquelle il n'est plus parlé de vicaire.

Lamy et son vicaire prêtèrent, en 1791, le serment exigé des fonctionnaires, ainsi que le prouve la déclaration suivante :

« Nous soussignés, curé et vicaire de la paroisse de Saint-Pierre-ès-Champs déclarons au greffe de la municipalité de la ditte paroisse que conformément au décret du 27 novembre 1790, nous ferons le serment exigé de tous les fonctionnaires publics dimanche prochain 23 du présent mois à l'issue de la messe paroissiale.

A Saint-Pierre-ès-Champs le 21 janvier 1791. Signé : LEDOUX curé, LAMY vicaire. »

Selon une déclaration du 28 février 1790, voici ce que cette cure possédait à cette époque :

Déclaration du revenu de la cure de Saint-Pierre-ès-Champs faite par moi curé soussigné :

Le revenu de cette cure consiste dans le tiers de la grosse dixme sur 1314 arpents de terre et du creux.

Une petite novale (terre nouvellement défrichée)	25	livres.
Pour supplément 48 boisseaux de bled..........	144	—
72 boisseaux d'avoine........................	208	—
Sept mines et demie de terre.................	40	—
Trois mines de près	66	—
Creux de l'église............................	166	—
Un fief attaché audit bénéfice dit de la Brasserie	4	—

Une maison d'un côté de la cour et de l'autre une grange, vacherie, écurie, une basse-cour, un petit pressoir à l'usage du curé et derrière la maison un jardin.

J'atteste que la déclaration ci-dessus est conforme à la vérité en foy de quoy j'ay signé le 28 février 1790. LEDOUX, curé.

Ce fief de la Brasserie cesse d'exister à partir de 1793, comme l'indique le procès-verbal suivant :

« L'an 1793, de la République françoise une et indivisible. Nous maire, officiers municipaux, procureur de la commune et membres du conseil général de la commune de Saint-Pierre-ès-Champs, certifions que le citoyen Ledoux, curé de Saint-Pierre-ès-Champs nous a remis ce jourd'hui onze août tous les titres et papiers concernant le ci-devant fief de la Brasserie, sis au hameau de Montel, relevant de la cure de Saint-Pierre-ès-Champs, dont nous lui en avons donné décharge pour lui servir ainsi qu'il appartiendra et les avons brûler sur la place commune en présence des citoyens de la ditte commune.

Fait le onze août 1793 signé : Dubus maire, Le Brun, officier, etc. »

En 1793, la cure de Saint-Pierre-ès-Champs resta sans titulaire, ainsi que semblent le prouver les deux déclarations suivantes :

« Le ci-devant curé a déclaré devoir se conformer à l'arrêté du district en date du neuf ventôse concernant le déménagement des ci-devant curés et vicaires des campagne du lieu où ils exercoient leurs ci-devant fonctions aussitôt que les chemins pourront le permettre.

A Saint-Pierre-ès-Champs le 18 ventôse an 2 (17 mars 1794) de la République. Signé : Ledoux curé, Le Brun officier, Labove agent national. »

Quelques mois plus tard le même Ledoux faisait cette autre déclaration :

« Aujourd'hui 15 thermidor, an 3è de la République (2 août 1795) est comparu Pierre-Etienne Ledoux, lequel a déclaré qu'il se propose d'exercer le Ministère d'un culte connu sous la dénomination de culte catholique dans l'étendue de cette commune et a requis qu'il lui soit décerné acte de sa soumission aux lois de la République, de laquelle déclaration il lui a été décerné acte conformément à la loi du onze prairial an 3è. »

En 1801, Rohaut, l'ancien vicaire de Saint-Pierre-ès-Champs, est curé de la paroisse, et vers 1817 il a pour successeur Demorlaine, qui quitte cette commune en 1822 pour aller à Saint-Just-des-Marais; vient ensuite M. Sanglier, qui reste curé de Saint-Pierre jusqu'à sa mort, le 18 février 1855.

Un intérim de quelques mois est ensuite fait par MM. Barré, curé de Neufmarché, et Mauger, de Saint-Germer.

M. Caux est installé en août 1857 et demeure jusqu'à son décès le 10 juillet 1879; un nouvel intérim a lieu jusqu'au 1er janvier 1880 par M. Monnier, de Neufmarché; puis viennent : M. l'abbé Canthelou, de janvier 1880 à octobre 1885, et l'abbé Gérard, d'octobre 1885 à juillet 1893.

Depuis cette époque Saint-Pierre-ès-Champs n'a plus de curé titulaire; c'est alors M. l'abbé Marielle, curé de Talmontiers, qui est nommé desservant et en novembre 1896 il a pour successeur M. l'abbé Dangu.

Fabrique de l'Eglise

Voici la déclaration qui a été faite en 1790, au sujet du revenu de la fabrique :

« Il consiste dans certaines parties de rentes, dans une portion de terres et de près; son revenu a donné cent livres et des charges réels de sept à huit cent livres, laquelle déclaration a été faite à la municipalité le 28 février 1790 par Marin Leclerc thrésorier en charge de la ditte fabrique et le curé de la ditte Paroisse. »

L'inventaire des meubles, effets, etc... qu'elle possédait a eu lieu en 1792; voici cet inventaire :

« Nous maire, officiers municipaux, procureur syndic de la commune après avoir pris communication de la loy relative à la confection de l'inventaire des meubles, effets et ustensiles en ore, en argent employés au culte divin en datte du

10 9bre 1792 l'an 4ème de la Liberté, nous avons fait sonner la cloche pour assembler le Conseil général de la commune dans lequel en la maison commune le dit Conseil a nommé les citoyens Claude Denise et Sébastien Le Brun pour faire l'inventaire des effets et ustensiles en argent et en ore de la fabrique de Saint-Pierre-ès-Champs, Lesquels commis-saires se sont aussitôt transportés en la ditte église où ils ont trouvé une croix d'argent pesant quarante-trois onces cinq gros (*l'once valait environ 31 grammes 5 et le gros 4 grammes*), deux burettes d'argent avec un bassin pesant ensemble quinze onces cinq gros et un encensoir avec sa navette aussi pesant vingt-trois onces quatre gros. Fait et délibéré le 18 9bre 1792. »

Deux ans plus tard, les objets en cuivre ainsi que les deux cloches étaient portés au district de Beauvais :

« Ce jourd'huy 21 brumaire an 2e de la République française (13 novembre 1794) nous avons envoyé et fait porter au dis-trict de Beauvais par Jean-Baptiste Duval dans sa voiture deux cloches de l'église, une petitte cloche de la chapelle Sainte-Hélène, deux clochètes des frères de la Charité, les chandeliers en cuivre et deux croix aussi de cuivre, un bénitier, une lampe, une assensoir et sa navette et un pla-teau le tout de cuivre argenté, un bénitier de fonte et une plaque de cuivre gravée en lettre et armoyrie en exécution de l'arrêté du Représentant du peuple fait le jour et an que dessus. Signé : Dubus, maire. »

Il ne resta plus alors qu'une seule cloche (la moyenne actuelle); mais en 1855 le conseil municipal décida d'en acheter deux pour former la sonnerie que nous avons actuellement.

En 1835, la fabrique ne possédait plus que 43 ares de terre sur le Mont-Répis, mais, par suite d'un échange intervenu depuis avec M. le vicomte de Boury, sa pro-priété actuelle, d'une contenance de 30 ares, se trouve sur le chemin des Nosdins.

Bureau de Bienfaisance

C'est par arrêté préfectoral du 12 mai 1840, pris en conformité de l'ordonnance du 6 juin 1830, qu'un bureau de bienfaisance fut créé à Saint-Pierre-ès-Champs, et cela à cause d'une rente de 100 francs qui avait été léguée aux pauvres par Charles-Emmanuel d'Orillac, seigneur du pays, le 10 octobre 1723.

Voici la copie de cette donation, selon le testament du 10 octobre 1723 :

« Je soussigné Messire Charles-Emanüel D'Orillac, chevalier seigneur de Saint-Pierre-ès-Champs, considérant qu'il ny a rien de plus certain que la mort, est un de plus incertain que son moment, ne voullant mourir sans tester, je fait es écrit de ma main mon présent testament en la forme et manière qu'y en suit. Je déclare pour motifs amoys connüs est particulièrent par lequel Messire François D'Orillac mon père m'en a de son vivant plus d'une fois chargé, donner es léguer aux peauvres de Saint-Pierre-ès-Champs, mes vassaux et relevant de mes fiefs la somme de cent livres de rente perpétuelle à prendre annuellement sur ma terre et seigneurie de Saint-Pierre-ès-Champs, dont première année de payement echera et sera fait un an après à compter du jour de mon décez et ainsi continuer d'année en année a toujours par les usufruitiers et propriétaire de la ditte terre, sans aucüne diminution pour quelque cause que ce soit, voullant même que les droits d'amortissement et autres, s'il en est prétendü, ce que je n'estime point, attendu la qualité de ce legs fait aux peauvres, soit pris sur les biens immeubles que je dois délaisser sans que les dits peauvres en soient en aucüne manière chargez, voullant encore que la ditte terre et seigneurie de Saint-Pierre-ès-Champs demeurent spécialement affectée au payement, pour en continuation de la ditte rente non remboursable sera la ditte somme de cent livres employée aux vestements des peauvres du dit lieu mes vassaux et la distribution des vestements faite le jour des trépassés de chacune année. Je prie, Madame de Saint-Pierre ma très chère épouse de voulloir bien se charger du soin de la ditte distribution tant qu'elle vivra, voullant après son décès, que la distribution se fasse par le sieur D'Orillac mon fils et après le décez d'y luy par le sieur curé de Saint-Pierre-ès-Champs sa paroisse et ses successeurs à perpétuité en y appelant toutes fois celui d'entre mes descendants quy jouira de la ditte terre et seigneurie dispensant au surplus les dits curés de Saint-Pierre-ès-Champs de rendre compte des deniers quy leurs seront mis es mains. »

Le bureau de bienfaisance, qui ne jouit de ce legs que quand la commune possède un curé, n'a plus aujourd'hui qu'une rente de 50 francs qui lui a été léguée par la dame Baillivet, veuve Visse, selon testament du 22 décembre 1888.

Instruction publique

Thomas Bertaut fut le premier « maître d'école » de la commune, de 1690 à 1741, mais ce n'est guère qu'à cette époque que la fonction fut bien dénommée, comme le prouve la délibération suivante :

« Nous soussignez curé de Saint-Pierre-ès-Champs, Monsieur de Saint-Pierre seigneur dudit lieu, Claude Boucher, marguillier en charge, etc... tous ensembles cy-dessus nommées habitans de la ditte paroisse, assemblez en état de commun yssue des vêpres du dimanche, 29 jour d'octobre 1741 en conséquence de l'indication faite au prône du dit jour au son de la cloche pour délibérer et reconnaître la condition d'un maître d'Ecole pour notre ditte paroisse et y faire les fonctions de clerc tant pour le chant et service de l'Eglise convenable à la ditte qualité de clerc que pour ayder à l'administration des sacremens, nous avons reconnu que les émoluments et revenus annuels de la ditte condition consystoient en ce qui suit savoir ; 1° l'église lui fournit son logement au lieu dit ordinairement l'école 2° la ditte église luy païra par an quarante livres pour ses assistances aux fondations 3° la paroisse lui païe aussi par an savoir chaque charüe qui s'y trouvent occupez, demi-boisseau de bled, mesure de Gournay, les autres ménages ou feux dix sols et les demies ménages de veuves cinq sols le tout suivant l'ancien usage.

Pour le casuel il a partout le tiers de Monsieur le Curé, il a à son profit la sonnerie et façon des fosses des morts s'il veut s'en charger, sinon les parents des défunts y pourvoieront à la charge que ledit Magister veillera à ce qu'il ne soit point fait de tort aux cloches en les conduisant mal ou avec violence ni qu'elles soient sonnées à contre sens ou autrement qu'il est marqué dans les statuts du diocèze ; 9° il a le revenu de son école, qu'il tiendra assidument suivant les dits statuts et les réglemens qui sont écris dans la sacristie de notre dite Eglise, et pour ses peines et salaires les pères et mères des enfants depuis sept ans jusqu'à quatorze ans soit qu'ils les y envoyent ou non par négligence lui paieront par mois savoir pour les enfants qui ne seront point à l'écriture trois sols pour ceux qui écriront cinq sols et pour ceux qui apprendront l'arithmétique et le chant de l'église dix sols et s'est présenté Michel Poittevin, originaire de Lalande-en son, aiant fait jusqu'à ce jour la même fonction en la paroisse d'Amécourt, diocèze de Rouen lequel nous avons agréé à ce sujet : Signé : Aubin, curé, d'Orillac de Saint-Pierre etc. »

Jacque Benne, qui le remplace le 29 décembre 1743, conserve son emploi jusqu'au 15 mars 1746, pour le céder à Jean-François Bertheraud, originaire de Bonlier et ayant exercé à Maineville. Il est à son tour remplacé le 18 juin 1747 par Pierre Nangot, originaire de Hécourt, et ayant exercé à Auchy ; puis c'est Claude Duval, du 11 janvier 1750 au 1er octobre 1750 ; Jean-Baptiste Tabary jusqu'en 1760, Charles Dubus jusqu'en 1792, et Pierre Lefebvre jusqu'au 1er avril 1834.

Ce dernier ayant été révoqué pour négligence dans son service, M. Fontaine, qui avait ouvert une école privée le 23 septembre 1833, est désigné pour le remplacer ; il conserve alors son emploi jusqu'au 12 septembre 1874, pour le céder à M. Caron (Jean-Baptiste), venant de Lincourt. Enfin, depuis le 1er octobre 1894, le poste est occupé par votre dévoué serviteur, qui exerçait précédemment à Montjavoult.

Le nombre des élèves est resté à peu près le même

depuis 1824; il était à cette époque de 52; en 1831, de 58; en 1839, de 56; en 1891, de 63; en 1895, de 60; et enfin il est actuellement de 58.

ÉCOLE DE FILLES. — L'école de filles ne fonctionne qu'à partir de 1873, bien que le logement ait été acheté au sieur Fourgon dès 1869.

C'est Mlle Guillot (Laurentine), en religion sœur Laurent, qui occupe le poste la première. Cependant, en 1820 une institutrice privée s'installait dans la commune, c'était Mlle Demorlaine (Marguerite-Adèle), sœur du curé de l'époque.

Police

FORMATION DE LA MILICE BOURGEOISE. — La milice bourgeoise, qui était chargée de la police de la commune, fut créée à Saint-Pierre-ès-Champs le 14 juillet 1790. Elle eut alors pour chef Pierre Malot des Platelets, ancien soldat au bataillon de Senlis, qui, en acceptant cette charge, fit le serment « qu'il seroit fidèle à la nation, à la loi et au roi, qu'il maintiendrait de tout son pouvoir la constitution du royaume, et qu'il prêteroit main-forte à l'exécution des ordonnance de police et à celle des décrets de l'Assemblée nationale acceptés et sanctionnés par le roy. »

Cette milice ou garde nationale se composa de 48 membres, qui furent réduits à 28 par le commandant. Ils prirent, le 14 juillet 1790, l'engagement : « qu'ils empêcheroient qu'il ne fut fait aucun tort à aucun citoyen et qu'ils tiendroient la main à ce que personne ne coupent et ne gardent leurs bestiaux dans les bois ni derrière les hayes près des grains. »

Le 19 août 1792, elle était composée de 118 citoyens depuis l'âge de 18 ans jusqu'à 60, et comprenait un capitaine, un lieutenant, deux sous-lieutenants, deux sergents, quatre caporaux, huit grenadiers et quatre fusiliers; le reste fut divisé en deux pelotons, quatre sections, huit escouades.

Le 9 septembre de la même année, alors que la patrie était déclarée en danger, ils firent le serment suivant :

« Nous citoyens de la commune de Saint-Pierre-ès-Champs, nous nous enrolons librement et volontairement pour voler à la défense de la patrie dans le plus imminent danger et de partir dans le délai de vingt-quatre heures armés le plus que nous pourrons pour nous rendre au chef-lieu de notre district et de là nous porter où le pouvoir exécutif nous envoyera. »

Cet élan patriotique fut de courte durée car, le 9 mars 1793, le district de Beauvais ayant demandé neuf hommes pour partir à la défense de la patrie, on fut obligé, faute de volontaires, de les désigner par le sort. Ce furent alors : Etienne Le Sage, âgé de 22 ans; André Beuzelin, âgé de 19 ans; Jean-François Boucherot, âgé de 30 ans; Louis Beuzelin, âgé de 24 ans; Jean-Baptiste Laluin, âgé de 28 ans; Nicolas Boulard, âgé de 20 ans; Jean-Baptiste Frémart, âgé de 20 ans; Jean-François Duval, âgé de 19 ans, et Nicolas Ratel, âgé de 34 ans. A peine ces neuf hommes étaient-ils partis que cinq d'entre eux : Etienne Le Sage, Laluin, Boulard, André Beuzelin et Frémart quittaient leur bataillon qui était en marche pour la Vendée, sous prétexte *qu'ils ne partiroient qu'au commandement de leur commandant ou de leur capitaine.*

Quelques jours après Le Sage seul partait et les autres étaient déclarés malades.

GARDE-CHAMPÊTRE

« En l'assemblée du conseil général de la commune de Saint-Pierre-ès-Champs tenue au lieu des séances de la dite commune en date du 20 thermidor an 8 (6 août 1800) pour l'exécution de la loi du 20 messidor dernier pour l'établissement d'un garde-champêtre dans toutes les communes de la République, Nous avons pris tous les renseignements possibles pour trouver un homme capable d'en faire les fonctions, ne s'étant trouvé personne de faire cette charge nous avons clos l'assemblée et avons signé : LABOVE, maire, LE BRUN officier, DUBUS agent national, PATTE notable. »

Neuf jours après, le 29 thermidor, Jean-François d'Avranche, natif de Saint-Pierre, était reconnu capable et nommé garde-champêtre, aux appointements de 200 francs.

Le 12 vendémiaire an X (3 octobre 1801) il était remplacé par Jean Dupré, qui ne touchait que 180 francs, mais avait le droit de porter « un sabre ou halbard ». Il recevait en outre 0 fr. 30 par prise qu'il faisait.

Le 8 frimaire an XII (29 novembre 1804), c'était François Louis, ancien militaire, avec le droit de porter une arme à feu; puis ce fut Brice Savré, remplacé le 3 mai 1811 par Louis Delapierre; ce dernier ayant été révoqué pour négligence extrême dans son service le 19 septembre 1817, le conseil veut lui donner pour successeur Jean-François Fastrelle, garde-champêtre de Saint-Quentin-des-Prés et Monthois, mais l'administration supérieure le refuse et propose Poncelé; le conseil, à son tour, n'en veut pas, le trouvant trop âgé; alors Fastrelle est nommé et reste en fonctions jusqu'au 23 novembre 1824. Il cède sa place à Pierre Brunon, qui la donne à son fils Louis-Constant Brunon le 28 juillet 1879.

Chemins

NOMINATION D'UN CANTONNIER. — Ce fut le 14 vendémiaire an X (6 octobre 1801) que le conseil reconnut les premiers chemins, au nombre de sept seulement :

« Nous dits membres du Conseil considérant qu'il devient urgent de faire cesser les difficultés qui s'élèvent pour les chemins et sentiers dans y cette commune d'où il résulte que des citoyens se permette de faire des fossés à des chemins qui ont été de tout tems usitée, d'autre se permette d'en faire des nouveaux, que pour faire cesser tous ces abus préjudiciables au public, avons d'après une revision faite sur les dits chemins et sentiers arrêté ce qui suit.

1° le chemin dit le marais sera maintenu dans la même situation grandeur et largeure tel qu'il a été usité depuis un tems immémorial, lequel dit chemin est en même tems commun pour le pasturage des bestiaux.

2° le sentier qui conduit du hameau de Montelle à Saint-Germer passant le long de la cour de la maison nommée Lironfat sera rouvert de nouveau par le citoyen Claude Mallot lequel a prétendu le supprimer.

3° le chemin des Boulards qui passe dans l'héritage du citoyen Antoine Raban.

4° le sentier qui va le long de la rivière.

5° le chemin qui part d'un bout de l'héritage du citoyen Séguin et qui va dans les champs doit être rouvert pour passer à pied et charrier, ledit citoyen pourra y mettre un arbre en forme de bascule mais pas d'écrous.

6° le chemin proche le pont de la marot frais pour charrier les foins de la prairie de Montelle.

7° le sentier qui part du hameau de la Cornaillerée et qui conduit au Prieux et autres lieux. »

Le 15 pluviôse an XII on nommait le premier cantonnier :

« Les membres du Conseil municipal légalement réunis arrête que la somme de 36 francs serait nécessaire pour remplir toutes les ournières et racomoder les endroits que le mauvais temps aurait dégradé aux chemins et rues de la commune, que la dite somme de 36 francs sera prélevé sur l'excédent des centimes revenant à la commune pour l'an douze au moyen de quoy pour exécution d'y celle nous nommons le citoyen Louis Commcey qui se transportera tous les mois dans le courant de l'année aux rues et chemins pour y faire tous les travaux à ce nécessaire qu'il sera en outre surveillé par le maire et adjoint qui demeurent chargés de reviser ses traveaux et de lui donner les ordres qu'ils jugeront nécessaires de faire aux dits chemins. Signé : DUVAL, SAVREUX, LE BRUN, LABOVE, etc. »

Le même jour, le conseil établissait les prestations en décidant « qu'il devient urgent de porter 100 toises et demye de cailloux sur les chemins; que celui qui n'a qu'un cheval en donnera une toise et demye, et que celui qui en a plus d'un en donnera deux toises par cheval, et et enfin que ceux qui n'en ont pas seront obligés de charger ces cailloux et de les épandre. » Aujourd'hui la commune possède 17 kilomètres de chemins sur lesquels sont versés chaque année environ 120 mètres cubes de cailloux, et elle a pour cantonnier M. Terra.

Propriétés Communales

La commune de Saint-Pierre-ès-Champs, dont le territoire compte 1,080 hectares, possède aujourd'hui 80 hectares de terres dont 15 hectares en marais.

MARAIS. — Ce n'est que vers 1830 que la tourbière est devenue le siège d'une exploitation régulière, après avoir été préalablement desséchée. Le nombre des ouvriers s'est élevé de dix jusqu'à trente, et le premier entrepreneur fut un nommé Lapierre.

La première extraction, qui a servi pour la confection du chemin de Bretel, n'a pas été sans soulever de grandes discussions; neuf habitants de Saint-Pierre et de Bretel prétendaient, le 2 août 1832, qu'eux seuls avaient le droit d'exploiter cette tourbière, fondant leur réclamation sur ce que « les habitans de Bretel seuls payoient au seigneur une poule par feu pour jouir du dit marais ». Mais, après plusieurs plaidoiries, ils étaient déboutés de leur demande le 26 février 1834, et la commune était déclarée propriétaire du marais.

En 1836, le conseil décida d'extraire pour 15,000 francs de tourbe, afin de réédifier l'église qui s'était écroulée par suite de la chute du clocher; et en 1839 d'en louer une partie avec faculté d'extraire de la tourbe pour construire une maison d'école.

Aujourd'hui, on n'extrait plus de tourbe, mais le marais et les autres propriétés communales sont loués et rapportent à la commune 1,985 francs, plus un droit de chasse de 255 francs.

Le presbytère a été construit en 1865.

Impôts

Le premier budget qui fut régulièrement établi dans la commune de Saint-Pierre-ès-Champs date du 9 frimaire an IX (30 novembre 1801).

Voici ce budget :

Montant des centimes additionnels...............	182 livres
Le Maire, ayant dépensé 108 l., selon quittance qu'il nous a présentée......................	108 —
reste...	74 —

qui seront employées comme suit :

Dû au bureau de l'enregistrement de Gerberoy pour les registres de l'état civil................	12 —
pour l'amendement des chemins vicinaux.......	62 —

État des dépenses projettés pour l'an IX

Pour les chemins vicinaux	50 livres
Pour le courrier...........................	24 —
Bulletin des lois...........................	6 —
Journal de l'Oise...........................	12 —
Registre des actes civils.	31 10
Frais de la mairie : encre, papier, plumes, bois, chandelles...............................	72 —
Réparations urgentes d'un pont nécessaire à la communication du département de la Seine-Inférieure à celui de l'Oise....................	50 —

Signé : Le Brun, Cauchois, Ablin, Savreux, etc.

A cette époque, la perception des impôts était mise en adjudication et accordée, par conséquent, à celui qui demandait le moins.

Puis, les perceptions ayant été établies, M. Commecy fut le percepteur de Saint-Pierre-ès-Champs ; son fils le remplaça en 1849 ; ensuite ce furent : MM. Paul Pépin, Heu, Alexandre, Poittevin, Leroux et Millet, percepteur actuel à Saint-Germer.

Puisse cette notice, que je dédie à M. Cressonnier, maire, délégué cantonal et chevalier du Mérite agricole, contribuer à faire aimer davantage le pays de Saint-Pierre-ès-Champs; tel est mon plus grand désir.

Saint-Pierre-ès-Champs, le 1er novembre 1897.

THIERRY

Imprimerie centrale administrative, 15, place Ernest-Gérard, à Beauvais.

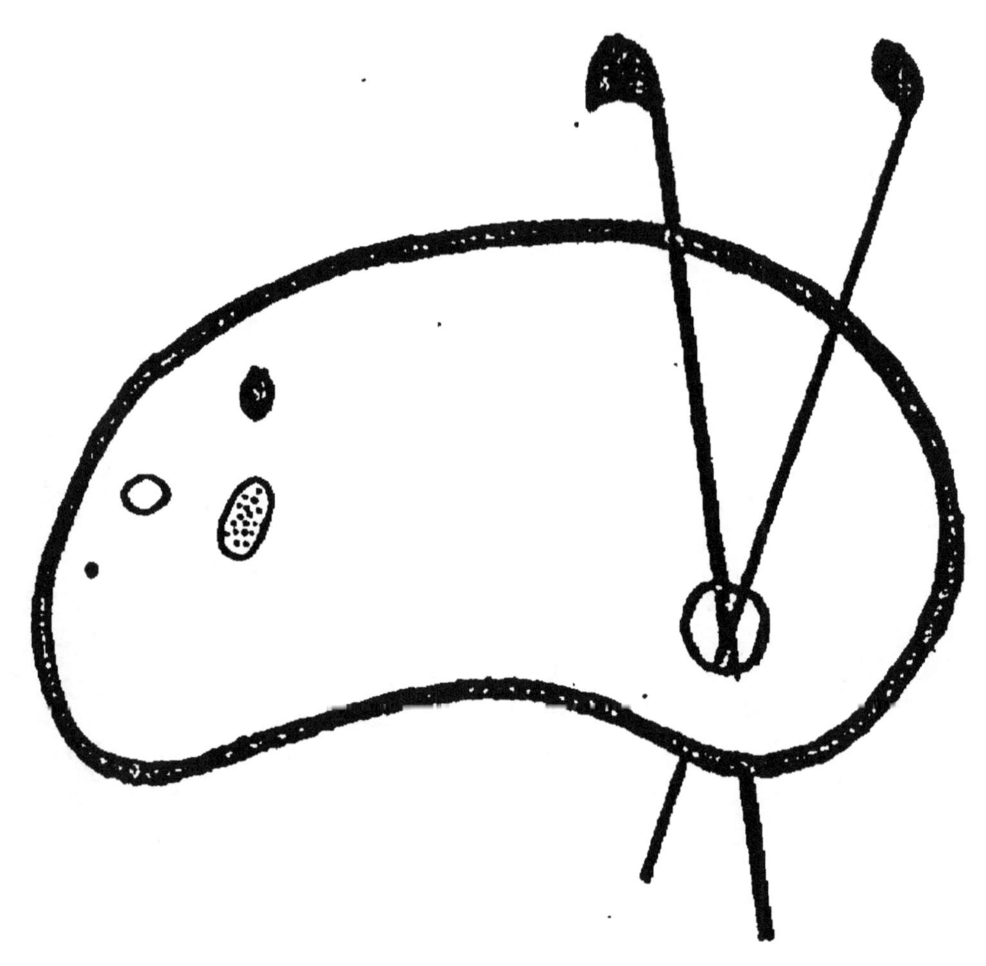

ORIGINAL EN COULEUR

NF Z 43-120-8